CON GRIN SU CONOCIMIENTOS VALEN MAS

- Publicamos su trabajo académico, tesis y tesina

- Su propio eBook y libro - en todos los comercios importantes del mundo

- Cada venta le sale rentable

Ahora suba en www.GRIN.com
y publique gratis

Bibliographic information published by the German National Library:

The German National Library lists this publication in the National Bibliography; detailed bibliographic data are available on the Internet at http://dnb.dnb.de .

This book is copyright material and must not be copied, reproduced, transferred, distributed, leased, licensed or publicly performed or used in any way except as specifically permitted in writing by the publishers, as allowed under the terms and conditions under which it was purchased or as strictly permitted by applicable copyright law. Any unauthorized distribution or use of this text may be a direct infringement of the author s and publisher s rights and those responsible may be liable in law accordingly.

Imprint:

Copyright © 2015 GRIN Verlag, Open Publishing GmbH
Print and binding: Books on Demand GmbH, Norderstedt Germany
ISBN: 978-3-668-04148-6

This book at GRIN:

http://www.grin.com/es/e-book/305866/marco-teorico-y-filosofico-de-las-tecnologias-de-la-informacion-y-comunicacion

Jorge Rafael Diaz Dumont

Marco Teórico y Filosófico de las Tecnologías de la Información y Comunicación en los Learning Management System

Desde una Perspectiva de Inclusión Educativa

GRIN Publishing

GRIN - Your knowledge has value

Since its foundation in 1998, GRIN has specialized in publishing academic texts by students, college teachers and other academics as e-book and printed book. The website www.grin.com is an ideal platform for presenting term papers, final papers, scientific essays, dissertations and specialist books.

Visit us on the internet:

http://www.grin.com/

http://www.facebook.com/grincom

http://www.twitter.com/grin_com

Marco Teórico y Filosófico de las Tecnologías de la Información y Comunicación en los Learning Management System

Dr. Jorge Rafael Diaz Dumont

CONTENIDO

1 Introducción

El campo educativo, el uso de Internet ha permitido impartir cursos a distancia, convirtiéndose en una importante opción y solución, de formación y actualización, para que la población pueda insertarse en el ámbito laboral de la sociedad tan cambiante que nos ha tocado vivir y que ha dado en denominarse "sociedad de la información".

Entorno de aprendizaje virtual (UNESCO 1998) se define como un programa informático interactivo de carácter pedagógico que posee una capacidad de comunicación integrada, es decir, que está asociado a "Nuevas Tecnologías Información", "Sociedad Multimedia" y más recientemente "Sociedad Documental" o "Sociedad-Red", por lo que es innegable su utilidad e impacto social.

"Learning Management System", conocido igualmente por su abreviatura "LMS" (Sistema de Gestión del Aprendizaje), son programas de computadoras que se utilizan para la creación, gestión y distribución de actividades formativas a través de la Web; son aplicaciones que facilitan la creación de entornos de enseñanza-aprendizaje, integrando materiales didácticos y herramientas de comunicación, colaboración y gestión educativa.

Es importante precisar que el tema de inclusión de las TIC en el proceso de enseñanza aprendizaje, lleva muchos años y se puede resumir en: "que es necesario aprender con y a través de las TIC".

Citemos un caso, para ver la trascendencia de las Tecnologías de Información y Comunicación que involucran a los Sistemas de Gestión del Aprendizaje y que contribuyen al tema de Inclusión Educativa. La UNED es una de las más grandes universidades de de España, cuenta con más de 250.000 estudiantes en todo el mundo, que cursan estudios profesionales diversos (27 grados, 49 maestrías y 44 programas de doctorado); indudablemente que este es un claro ejemplo de realidad y opción educativa a lo que no podemos estar ajenos, por más que haya sido recientemente motivo de debate en nuestro país.

Fuente:
https://www.innova.uned.es/webpages/entrenamiento/contenidos/html/modulo
5/contenidos2.html

Por último quisiera agregar que el Perú no es ajeno a esta
realidad tecnológica e informática que se vive hoy, por ello ya
desde el año 2006, mediante Resolución Ministerial N° 274-
2006-PCM, se aprueba la estrategia nacional de gobierno
electrónico; que como lo indica textualmente el mismo dispositivo
publicado, tiene como visión general la transformación de las
relaciones del Estado Peruano con empresas privadas,
instituciones públicas y ciudadanos, mediante el uso efectivo de
la tecnología de la información y comunicaciones, haciendo que
el Estado en su conjunto se organice, estableciendo una red de
servicios transaccionales y de información acordes con las
necesidades y demandas de la sociedad, y que conlleven al

4

bienestar general; es así que se crea la Oficina Nacional de
Gobierno Electrónico e Informática – ONGEI deberá coordinar y
supervisar la implementación de la Estrategia Nacional de
Gobierno Electrónico. Para tal efecto, las entidades de la
Administración Pública integrantes del Sistema Nacional de
Informática, deberán proporcionarle, cualquier información que
les sea requerida y adoptarán las acciones necesarias para el
cumplimiento y ejecución de lo establecido en la Estrategia
Nacional de Gobierno Electrónico (Anexo 1).

Fuente: http://www.ongei.gob.pe/

Ante lo expuesto, he visto por conveniente, exponer la problemática planteada en el presente libro; el cual está estructurado en ocho partes, fruto de la investigación realizada por el autor.

Primera Parte   : Capítulo I, Contenido
Segunda Parte   : Capítulo II, Introducción
Tercera Parte   : Capítulo III, Generalidades
Cuarta Parte   : Capítulo IV, Marco Teórico
Quinta Parte   : Capítulo V, Marco Filosófico
Sexta Parte   : Capítulo VI, Conclusiones
Sétima Parte   : Capítulo VII, Referencias Bibliográficas
Octava Parte   : Capítulo VIII, Anexos

El autor

Dedicatoria:

Dedicado a mi esposa Julia e hijo Luis por el apoyo constante e incondicional a lo largo de mi formación profesional. Igualmente a la memoria de mi adorado hijo José María Dumont Diaz Tito, quien permanentemente está en mi corazón.

Dr. Jorge Diaz Dumont

2 TECNOLOGÍAS DE INFORMACIÓN Y COMUNICACIÓN

2.1 Descripción de la realidad problemática.

TIC se refieren al almacenamiento, recuperación, manipulación, transmisión o recepción de datos digitales; esto significa que las TIC no son propiamente estrategias sino herramientas que contribuyen al proceso de enseñanza aprendizaje. Cierto es que las TIC han pasado de ser herramientas de uso limitado a las grandes organizaciones a ser de uso doméstico cotidiano, los principales índices de desarrollo de las naciones se miden a través del grado de penetración que tiene en ellas las TIC, del acceso a la Internet por parte de sus ciudadanos desde sus hogares o de su disponibilidad de correo electrónico. Las TIC son herramientas cuya enseñanza y uso debe ser considerado en los diversos niveles educativos primarios, secundarios y terciarios, pues la humanidad de hoy, aprende, se comunica, se socializa, se informa y se expresa, a través de la red (Ballón y Joo, 2009)[1].

Por tanto, ante esta realidad, el tema de inclusión de las TIC en el proceso de enseñanza aprendizaje, requiere el entendimiento del caso; tal como lo refiere Carina Marguregui[2]: "Un concepto clave a la hora de comprender cómo lograr la inclusión de las TIC en educación es la idea de que es necesario aprender con y a través de las TIC. En otras palabras: el uso de las TIC en las escuelas no debe estar reservado únicamente para actividades aisladas en los gabinetes o laboratorios de informática" [Cita: 30-08-2012].

Lo propuesto por Carina Marguregui, implica lo siguiente:

- Aprendizaje del manejo instrumental de la tecnología.

- Su utilización como herramienta pedagógica para la enseñanza de los contenidos curriculares, en todas las materias y áreas en las que sea posible su uso.

---

[11] BALLÓN ELAR Y JOO-YONG KIM (2009) "Agenda Innovación" Ministerio de la Producción Dirección de Investigación. Lima Perú.
[2] MARGUREGUI CARINA (2009) "Educación y Tic". Colección Educar.ar Buenos Aires Argentina

- El aprendizaje de las normas de utilización de estas nuevas tecnologías de la información y la comunicación: cuidado de la seguridad personal, respeto de la privacidad y de la propiedad intelectual, etcétera.

- El aprendizaje de la lectura e interpretación crítica de la información y las imágenes que nos llegan a través de los nuevos formatos. [Cita: 30-08-2012].

Ante esta descripción, el docente actual tiene que entender que vivimos procesos de cambios muy vertiginosos en la concepción del conocimiento, en qué es, cómo se produce, cómo se transfiere, y es importante asumir el desafío de transformar las prácticas docentes que requieren de instancias de investigación, donde no existen recetas mágicas. La idea es introducir esos cambios en el mundo de la acción, y que docentes y alumnos sean protagonistas desde la producción de contenidos y aprendizajes significativos y relevantes para la vida, con metodologías innovadoras como son las TIC. Carina Marguregui [Cita: 30-08-2012].

Recordemos que en 1998, el Informe Mundial sobre la Educación de la Unesco, "Los docentes y la enseñanza en un mundo en mutación", describió el profundo impacto de las TIC en los métodos convencionales de enseñanza y de aprendizaje, augurando también la transformación del proceso de enseñanza-aprendizaje y la forma en que docentes y alumnos acceden al conocimiento y la información.

En tal sentido, el desafío actual, está en que los docentes cuenten con competencias que le permitan contar con las habilidades, conocimientos y actitudes necesarios para ayudar (facilitadores) a los estudiantes a alcanzar los logros esperados mediante el uso de los nuevos recursos y herramientas digitales; lo que le permitirá insertarse competitivamente en la sociedad, logrando su éxito y desarrollo personal: de nada valdrá llenar los colegios con ordenadores sino se desarrollan están competencias. Lo que se resume en:

"El gran desafío de los docentes consiste en "aprender a aprender", y el de los planificadores de la educación en diseñar programas y contenidos curriculares que incluyan la utilización de las TIC, aprovechando al máximo su potencial pedagógico". Carina Marguregui [Cita: 30-08-2012].

El tema de incluir las TIC en el quehacer educativo utilizando recursos, metodología y tecnología lleva ya algunos años. Por tanto, la Educación a distancia debiera de ser una importante propuesta acorde con un mundo globalizado. El Internet, el teléfono, el cable están presentes en la mayoría de las instituciones: hogar, empresas y también debiera serlo en las instituciones educativas.

Es importante plantear algunas reflexiones en relación al porque algunas instituciones se resisten a innovar sus propuestas de enseñanza y quedarse con lo tradicional.

Existe resistencia al cambio por:

- Desconocimiento de lo que es la Educación a Distancia
- Desconocimiento de las Tecnologías de información y Comunicación que involucran a la Educación a Distancia.
- No contar con una propuesta curricular en EaD
- No contar con Personal Capacitado para asumir las tutorías en una propuesta de EaD
- No entender la importancia de la globalización que vivimos hoy en día, en un contexto de sociedad de

conocimiento; lo que debería concretizarse en propuestas de EaD

- No entender las principales fortalezas que tiene una propuesta educativa de EaD.
- Pensar equivocadamente que la EaD no cumple con los requisitos necesarios para garantizar una formación de calidad.
- Pensar que la administración y/o gestión de una propuesta de EaD es igual que la educación tradicional; razón por el cual no se cumplen los objetivos propuestos.
- No saber cómo integrar una plana de docentes multidisciplinar.

De las reflexiones planteadas (en un breve diagnóstico) indudablemente se puede afirmar que todo ello hace que se produzca resistencia al cambio en las instituciones educativas en general.

Las nuevas tecnologías de información y comunicación (NTIC), nos lleva a replantearnos nuestro quehacer educativo para modificar o redefinir esquemas con los que hemos estado trabajando durante muchos años. Es innegable que los requerimientos del contexto, así como los novedosos instrumentos y herramientas tecnológicas están influyendo de manera decisiva en: las formas de enseñanza, en los materiales de estudio, la actuación de los estudiantes dentro y fuera de las instituciones académicas, el rol de los profesores y las habilidades que requieren; las formas de interacción entre profesores y estudiantes, los tipos de programas ofrecidos por las universidades y en la infraestructura física de las instituciones.

Ahora contamos además de material impreso y programas televisivos culturales y educativos para reforzar cierto tipo de conocimientos, con portales y páginas de contenidos educativos en Internet; bancos de imágenes de temas selectos; con bancos de información digitalizada (textos, imágenes, audio, vídeo y con la combinación de ellos que se denomina multimedia), así como entornos virtuales para el aprendizaje que nos ofrecen las denominadas plataformas tecnológicas. Al respecto un entorno de aprendizaje virtual (UNESCO 1998)[3] se define como un programa informático interactivo de carácter pedagógico que

---

[3] UNESCO (1988). "Los docentes y la Enseñanza en un Mundo en Mutación". Informe Mundial Sobre Educación".

posee una capacidad de comunicación integrada, es decir, que está asociado a Nuevas Tecnologías. [Cita: 15-09-2012]

Es importante plantear nuevamente una reflexión, la expansión tecnológica y el uso de internet se masifica cada día más, somos el octavo país en uso de redes sociales, esto es el 96% de gente que se conecta a internet en el Perú usa redes sociales según estudios de Comscore, empresa investigadora de internet, veamos las cifras en horas en el Perú el promedio de horas pasadas al mes en redes sociales es 11.1, en Brasil 8.3, Argentina 10.7 y Rusia 10.4.

Igualmente la conexión en internet se abarata en la región, según la CEPAL[4], el actual costo de promedio del servicio de 1 Mbps en América Latina es de US$ 21, mientras que hace 2 años era US$ 57, esto significa que en los últimos 2 años, el precio de la conexión a internet cayó en un 63%, mientras que la calidad del servicio a experimentado mejoras, según la comisión económica para América y el Caribe (CEPAL, 2012).

---

[4] Comisión Económica para América Latina (2012) "Observatorio Regional de Banda Ancha"

Figura 1

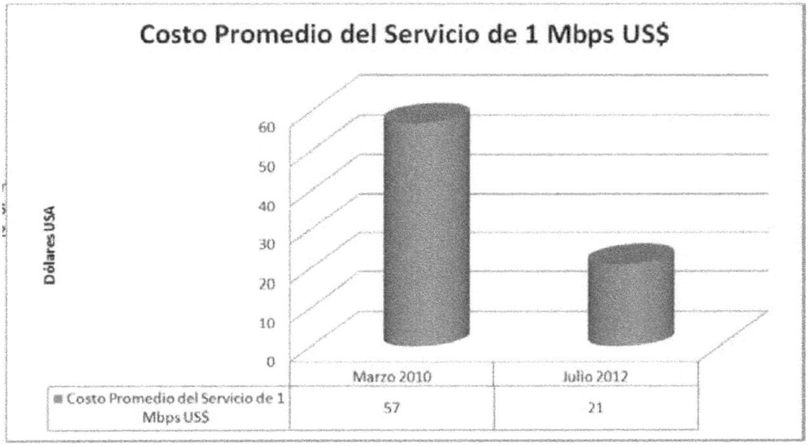
Costo Promedio del Servicio de 1 Mbps US$
Dólares USA
60
50
40
30
20
10
0
Marzo 2010
Julio 2012
Costo Promedio del Servicio de 1 Mbps US$
57
21

Fuente: Condensado por el Autor (CEPAL, Observatorio Regional de Banda Ancha, 2012).

Ello implica que al abaratarse los costos, se hace más viable el utilizar este medio para democratizar la enseñanza, siguiendo el análisis es importante precisar que el internet más caro se encuentra en Bolivia con un costo de US$63 al mes, lo que representa el 32% de los ingresos medios per cápita, mientras que el más barato lo tiene Uruguay y Chile, en el caso del Perú el costo del internet es de US$23.36, mientras que 2 Mbps en banda en banda ancha fija cuesta 227 soles (US$64).

Sin embargo, existen diferencias con Europa en cuanto a la potencias de descargas de archivos y que indudablemente tendrá que mejorarse conforme se invierta más en tecnologías, al respecto en cuanto a la velocidad de descargas de archivos se tiene la figura 2 que muestra que Europa prácticamente cuadriplica la velocidad en comparación con Latinoamérica.

Figura 2.

Velocidad Media de Bajada de Datos Mbps (2012)

	Latinoamérica	Europa
▩ Velocidad Media de Bajada de Datos Mbps (2012)	4	12

Fuente: Condensado por el Autor (CEPAL, Observatorio Regional de Banda Ancha, 2012).

Es importante indicar que si bien es cierto que la Internet posibilita el uso de muy variados elementos entre ellos para el aprendizaje es sólo un instrumento de apoyo, no la panacea que nos resuelve nuestra problemática del proceso educativo, de ahí la importancia que a lo largo del tiempo ha tenido el docente y ahora se acentúa por la necesidad que tiene de transformarse para incorporar aspectos pedagógicos acordes a las actuales innovaciones tecnológicas.

Entonces, es evidente que uno de los más grandes retos del profesor sin perder de vista su actualización pedagógica, sea el desarrollo de habilidades y actualización de conocimientos en relación con los medios de información y comunicación, que están cambiando a una velocidad impresionante, sobre todo a partir de la invención de la computadora y de Internet, una red de redes de comunicación que tiene alcances inimaginables, ofreciendo medios atractivos y modernos, que brindan mucho más que los contenidos tradicionales y que permiten abordar casi cualquier tema con gran objetividad y mayor precisión.

La Internet representa un gran potencial educativo al facilitar un aprendizaje más ágil, participativo, activo, constructivo y hasta divertido, favoreciendo el desarrollo de habilidades mentales y sociales siempre y cuando los programas estén bien diseñados con objetivos y planteamientos pedagógicos específicos.

En el campo educativo, el uso de Internet ha permitido impartir cursos a distancia, convirtiéndose en una importante opción y solución, de formación y actualización, para que la población pueda insertarse en el ámbito laboral de la sociedad tan cambiante que nos ha tocado vivir y que ha dado en denominarse "sociedad de la información"

Entorno de aprendizaje virtual (UNESCO 1998)[5] se define como "un programa informático interactivo de carácter pedagógico que posee una capacidad de comunicación integrada, es decir, que está asociado a Nuevas Tecnologías información", "sociedad multimedia" y más recientemente "sociedad documental" o "sociedad-red", por lo que es innegable su utilidad e impacto social.

2.2 Importancia de las TIC en la Formación Profesional.

El Perú esta insertado en un mundo globalizado. La globalización es una realidad que tiene aspectos favorables y desfavorables,

---

[5] Organización de las Naciones Unidas para la Educación, la Ciencia y la Cultura UNESCO (1988). "Los docentes y la Enseñanza en un Mundo en Mutación". Informe Mundial Sobre Educación".

El concepto definido por Houssay[6] en los sesenta sigue siendo dramáticamente válido en la época actual, en que la amplia difusión de la información coexiste con la estricta propiedad de los conocimientos que se considera hoy en día bienes económicos.

En este contexto de mundo globalizado el Perú se desarrolla cada día más, expende sus mercados, compite, firma tratados internacionales de libre comercio y todo ello implica una economía más dinámica, con empresas que en función al incrementó de la demanda crecen y responden a las exigencias de un mercado nacional que se fortalece y un mercado internacional que nos abre sus puertas.

Según cifras del Banco Central de reserva (BCR) las proyecciones sobre crecimiento de la economía nacional para este 2012 se han elevado, pasando de 5,8% a 6%, sustentado en el crecimiento del Producto Bruto Interno (PBI) de los meses de junio y julio; esto se explicaría en función a los resultados obtenidos en junio (7,1%) y julio (7,21%), lo cual mejora la

---

[6] BERNARDO ALBERTO HOUSSAY (1960) "Globalización". Premio Nobel de Medicina en 1947.

perspectiva de crecimiento para este año", (BCR. 2012). El aumento de las inversiones y la expansión de la actividad productiva, comercial y de servicios son el reflejo de esta situación.

En esta expansión económica, se hace necesario que se formen profesionales en los distintos campos que respondan a las exigencias de un mercado nacional e internacional cuyas características de sus productos y servicios sean consecuencia de un enfoque de calidad total en donde precisamente la fuerza laboral sea el principal actor.

Ante esta realidad las universidades juegan un papel trascendental en la formación de los futuros profesionales que contribuyan al desarrollo del país, **no con enfoques tradicionales**, sino con reingeniería y con inclusión de la educación universitaria sin fronteras, que responda a los retos de un nuevo orden social, al de la sociedad del conocimiento, tal que permita a todas las personas tener iguales condiciones de oportunidad de estudios en un mundo globalizado o mundializado como el que se vive hoy. Así como las grandes urbes y los Estados generan nuevas formas de realidad social, esta nueva realidad tiene que hacer que las universidades creen nuevos escenarios y posibilidades que sean reales por su impacto en la sociedad y sobre las personas, para ello existen hoy en día medios que permiten al estudiante que utilicen recursos no físicos que lo hagan participar virtual, electrónico y representacionalmente; estas son la Nuevas Tecnologías de Información y Comunicación, más precisamente los e-Learning (enseñanza electrónica) y los LMS (Sistemas de Gestión del Aprendizaje).

En esta propuesta de inclusión social de la educación la actividad académico deja de ser un intervalo temporal rígido, ya que en la modalidad a distancia semi presencial, sus puertas están siempre abiertas. Se generan nuevas estrategias didácticas, nuevos actores (tanto docentes como alumnos), surge la necesidad de crear materiales educativos diferentes, se incorporan estudiantes de diferentes edades y lugares de procedencia, que en igualdad de oportunidades logren insertarse competitivamente en un mercado, que por su crecimiento, requiere de profesionales que respondan a los desafíos internacionales, latinoamericanos, regionales y locales.

Si analizamos este crecimiento económico, que trae consigo la expansión de los mercados y por ende más inversión y crecimiento empresarial en todas los sectores de la economía, **se abre una necesidad de formar profesionales** con nuevos enfoques y sobre todo innovando.

3 MARCO TEÓRICO DE LOS LMS

3.1 Learning Management System.

3.1.1 Generalidades

importancia que tienen las nuevas tecnologías supone una "extensión" de la realidad. Así como las grandes urbes y los Estados generan nuevas formas de realidad social, este nuevo entorno está creando nuevos escenarios y posibilidades que son reales por su impacto en la sociedad y sobre las personas, aun cuando se produzcan en un medio que no es físico y corporal, sino electrónico y representacional.

La actividad académica deja de ser un intervalo limitado en el tiempo, ya que en la modalidad a distancia, sus puertas están siempre abiertas. Se generan nuevas estrategias didácticas, nuevos actores (tanto docentes como alumnos), surge la necesidad de crear materiales educativos diferentes, se incorporan estudiantes de diferentes edades y lugares de procedencia.

La relación pedagógica, de la cual forman parte el docente y el alumno, implica necesariamente la movilización afectiva, de manera que se posibilita o se inhibe el proceso de aprendizaje. De ahí que con todos los avances en materia de renovación pedagógica, en la Educación a Distancia nos enfrentamos a la realidad de que son las TIC las que median en las relaciones generadas entre los diferentes actores.

Desde un inicio la pedagogía ha utilizado la palabra (del profesor) y el texto (soporte de contenido), sin embargo en un contexto a distancia interesa que el alumno sea capaz de "crear su propio texto" un texto colectivo que dé cuenta de la experiencia y práctica educativas. Se trata de recuperar la situación de la comunicación en el aula, y para ello, es fundamental contar con una metodología para intercambiar puntos de vista, contextos, experiencias y críticas del alumno al profesor y de los estudiantes entre ellos. (Palacios, 2006)[7].

---

[7] PALACIOS, ROLANDO [2006]: "Cultura Oral y Lectura Hipertextual. Una Reflexión Desde La Comunicación", 1er. Congreso ONLINE del Observatorio para la CiberSociedad: "CULTURA & POLÍTICA @ CIBERESPACIO", España.

3.1.2 Las Tecnologías de la Información y la Comunicación (TIC)

Separemos Tecnologías de la Información de la parte de comunicación; al respecto de definir a las Tecnologías de la Información según la Asociación Americana de las Tecnologías de la Información (Information Technology Association of America, ITAA, 2012) las define como:

> ……..el estudio, el diseño, el desarrollo, el fomento, el mantenimiento y la administración de la información por medio de sistemas informáticos, esto incluye todos los sistemas informáticos no solamente la computadora, este es solo un medio más, el más versátil, pero no el único; también los teléfonos celulares, la televisión, la radio, los periódicos digitales, etc.

En cuanto a la parte de comunicación (c), de las TIC se entiende a la comunicación de datos por medios electrónicos, por lo general más de cierta distancia. Esto se realiza generalmente a través de redes de envío y recepción de equipos, cables y enlaces por satélite (PUCP, 2010, p.12)[8].

---

[8] PONTIFICIA UNIVERSIDAD CATÓLICA DEL PERÚ (2010) "TIC en la Educción Básica"

En este complejo entendimiento la PUCP (TIC en la educación básica, 2010), refiere que:

Las TIC es un acrónimo que significa Tecnologías de la Información y Comunicación. Sin embargo, no hay una definición con aceptación universal. ¿Por qué? Debido a que los conceptos, métodos y aplicaciones que participan en las TIC están en constante evolución sobre una base casi diaria, es difícil mantenerse al día con los cambios que suceden tan rápido. Una buena manera de pensar en las TIC es considerar todos los usos de la tecnología digital que ya existen para ayudar a los individuos, las empresas y organizaciones que utilizan la información. TIC abarca cualquier producto que almacena, recupera, manipula, transmite o recibe información por vía electrónica en un formato digital. Por ejemplo, los ordenadores personales, la televisión digital, el correo electrónico, los robots. Así que las TIC se refiere al almacenamiento, recuperación, manipulación, transmisión o recepción de datos digitales.

Resumiendo, las Tecnologías de la Información (TI) tratan sobre el empleo de computadoras, sistemas de base o sistemas operativos, y aplicaciones diversas (Word, Cmap, Mathematica, Outlook, etc.), para transformar, almacenar, gestionar, proteger, difundir y localizar los datos o información necesarios para cualquier actividad humana. Por su parte, las Tecnologías de las Comunicaciones (componente C de las siglas TIC) engloban los componentes de red que permiten mantener los enlaces entre las PC, los equipos de conexión y los protocolos de comunicación.

Al respecto Rodríguez (2009, p. 11)[9]. Refiere que las (TIC), "están transformando la educación notablemente, ha cambiado tanto la forma de enseñar como la forma de aprender y por supuesto el rol del maestro y el estudiante, al mismo tiempo que cambian los objetivos formativos para los alumnos dado que estos tendrán que formarse para utilizar, usar y producir con los nuevos medios, a demás el docente tendrá que cambiar sus estrategias de comunicación y asumir su función de facilitador del aprendizaje de los alumnos en entornos cooperativos para ayudarlos a planificar y alcanzar los objetivos."

---

[9] RODRÍGUEZ MARTHA YANETH (2009) "Las TICs en la Educación". Bogotá Colombia.

3.1.3 RECURSOS TICS.

Las TICs como herramientas de soporte tienen diferentes
modalidades de uso y empleo en el aprendizaje como son:

- Material didáctico.
- Entornos virtuales.
- Internet.
- Blogs.
- Wikis.
- Foros.
- Chat.
- Mensajerías.
- Videoconferencias.
- Otros canales de comunicación y manejo de información.

Con el empleo de estas herramientas se incentiva el uso de
innovadoras estrategias y formas de aprendizaje, estimulando la
creatividad, trabajo en equipo, creando un aprendizaje
significativo, activo y flexible.

3.1.4 Ventajas de las TICS en la educación.

La principal ventaja en la Educación es la capacidad de la
simulación de fenómenos, en los cuales el alumno ensaya sin

compromiso de fallar e intentar muchas veces, observar los elementos significativos de una actividad o proceso, además de la interactividad en donde el alumno simultáneamente construye y desarrolla el conocimiento y el pensamiento.

3.1.5 Necesidades de la institución respecto a las TICS.

- Implementación de aulas de informática suficiente y funcional.
- Capacitar al profesorado en el empleo didáctico de las nuevas tecnologías TICs para innovación Pedagógica.
- Utilización de redes sociales por áreas con el propósito de compartir y retroalimentar proyectos
- Reprogramación Curricular.
- Alfabetización en el uso de las TICs a toda la comunidad educativa.

3.1.6 "Learning Management System"

Conocidos igualmente por su abreviatura "LMS" (Sistema de Gestión del Aprendizaje), se les puede definir como programas de computadoras que se utilizan para la creación, gestión y distribución de actividades formativas a través de la Web: son aplicaciones que facilitan la creación de entornos de enseñanza-aprendizaje, integrando materiales didácticos y herramientas de comunicación, colaboración y gestión educativa.

Al respecto de los LMS Cañellas Mayor Alicia[10] precisa que:

> Un sistema de gestión de aprendizaje-LMS (Learning Management System) es un software que automatiza la administración de acciones de formación. Son variadas las funcionalidades de un LMS: registra a todos los actores que intervienen en el acto de aprendizaje (alumnos, profesores, administradores, etc.), organiza los diferentes cursos en un catálogo, almacena datos sobre los usuarios, realiza un seguimiento del aprendizaje y la temporización de los trámites y genera informes automáticamente para tareas de gestión específicas. También desarrolla procesos de comunicación (2012. p 16)

En tal sentido los LMS son utilizados por las organizaciones que ofertan diversos cursos de formación y para ello las Tecnologías de Información y Comunicación le proporcionan una herramienta

---

[10] CAÑELLAS MAYOR; ALICIA (2012) "CMS, LMS y LCMS Definición y diferencias". Barcelona España.

tecnológica que les facilitará gestionar y/o administrar con efectividad y de forma práctica los diversos cursos.

Igualmente, la mayoría de los LMS están orientados a ser usados en la Web para facilitar en cualquier momento, lugar y a cualquier ritmo el acceso a los contenidos de aprendizaje y administración, siendo esto una de sus mayores fortalezas. Existen LMS de diferente tipología, ya sea bajo licencias propietarias o LMS tipo open source. Es importante indicar que el propósito de los LMS es eminentemente educativo, que potencia las posibilidades de colaboración e interactividad que puede ofrecer un espacio virtual, siempre que se empleen los recursos adecuados para tal finalidad. Los LMS, por tanto, se adecuan a los propósitos específicos del denominado eLearning (aprendizaje en línea).

En la siguiente tabla se puede presentar una clasificación.

Tabla 1: Clasificación de los LMS

CLASIFICA-CIÓN DE LAS PLATAFOR-MAS	COMERCIA-LES	SOFTWARE LIBRE	SOFTWARE PROPIO
DEFINICIÓN	Son plataformas que para su adquisición hay que realizar un pago para su compra de licencia.	Son plataformas que se pueden adquirir sin costo alguno. Una de las más populares es Moodle, y que actualmente ha sido instalado en más de 24500 instituciones y en 75 idiomas. Otra es Dokeos	Son plataformas que se desarrollan e implementan dentro de la misma Institución Académica, Por ejemplo la de la PUCP.
VENTAJAS	Facilidad de instalación Asistencia técnica ágil y rápida Testeadas por departamentos de control Derecho a actualizaciones por la nueva versión del software	Software confiable y estable en su funcionamiento. Su adquisición es sin costo alguno. Permite realizar modificaciones sobre el funcionamiento del sistema (tarea de los	Facilidad de reajuste Formación de personal experto Modelo educativo en consonancia con la plataforma

	Alta fiabilidad y confianza en el sistema Desarrollo de implementación de Módulo específicos	programadores de la institución) La organización de contenidos se realizará por módulos.	
DESVENTAJAS	Instalación en un único equipo (servidor), si se desea otra instalación hay que comprar otra licencia		Para implementar o actualizar el software, se debe esperar que el grupo de programadores organice el trabajo en procesos de análisis, diseño, implementación y evaluación del software.

Fuente: Condensado por el Autor (2012)

En importante indicar que para que un LMS sea considerado adecuado deberá implementar la mayor parte de las siguientes características:

Tabla 2: Características de los LMS

Gestión Administrativa	Gestión de Recursos	Herramientas de Comunicación
Gestión del Estudiante / Herramientas de Monitorización	Control de Autoría y Edición de Contenidos	Foro
Mecanismos de Acceso a Bases de Datos	Learning Objects y otros tipos de Gestión de Contenidos	Chat
Elaboración de Informes	Plantillas de ayuda en la Creación de Contenidos	Pizarra
Administración Cualitativa y Funcional de Flujos de Trabajo	Mecanismos de Subida y Descarga de Contenidos	Email
Seguimiento de Usuarios	Reutilización y Compartición de Learning Objects	Wiki

Fuente: Macías Álvarez Diego (2010, p. 25) [11]

A continuación podemos observar un listado con las principales plataformas de enseñanza virtual organizadas de acuerdo al tipo de software, que son:

---

[11] MACÍAS ÄLVAREZ DIEGO (2010) "Plataformas De Enseñanza Virtual Libres Y Sus Características De Extensión: Desarrollo De Un Bloque Para La Gestión De Tutorías En Moodle" Universidad de Alcalá

Tabla 3: Principales Plataformas Virtuales

Campus virtuales de Software Libre	Campus virtuales de Software Privado
Moodle	ECollege
Sakai	EDoceo
Claroline	Desire2Learn
Docebo	Blackboard
Dokeos	Skillfactory
Ilias	Delfos LMS
LRN	Prometeo
ATutor	Composica
Lon-CAPA	WebCT

Fuente: Macías Álvarez Diego (2010, p. 25)

3.1.6.1 LMS Dokeoos

Al respecto de esta plataforma, Hernandez Iveth[12] (2012), refiere
lo siguiente

> Dokeos es una plataforma de e-learning, medio electrónico de
> aprendizaje a distancia o virtual, donde se interactúa con los
> docentes o instructores por medio de internet, esta aplicación
> administra cursos y es un software libre bajo la licencia de GPL
> (General Public License) Licencia Publica General y certificada
> por la OSI (Open Source Initiative) organización dedicada a la
> promoción del código abierto y el cual puede ser utilizado como

---

[12] Disponible en http://educacionennmexico.blogspot.com/2010/07/plataforma-de-dokeos.html [Cita 5-11-2012]

un Sistema de Gestión de Contenido (CMS) para educadores. El gestor o administrador de contenidos es una aplicación informática para crear, editar, gestionar y publicar contenido digital.

Dokeos cuenta con chat en texto, audio y video, administración de pruebas y guardado de registros aparte de que es una de las más grandes y reconocidas empresas dedicadas a sistemas Open Source de administración de cursos.

Ventajas de la Plataforma de Dokeos

Las ventajas de utilizar Dokeos en un ambiente educativo de aulas virtuales son las siguientes:

- Como es una plataforma libre todas las instituciones educativas tienen acceso a aplicación.
- Es un excelente complemento de las actividades escolares
- Permite realizar ejercicios, los cuales evalúan automáticamente a los alumnos
- Sirve como medio de comunicación ya que desde la plataforma se pueden dar avisos y mandar correos.
- Permite almacenar un archivo y que estos sean accesibles para los alumnos
- Comunicación en tiempo real con los alumnos por medio del chat
- Se pueden incluir enlaces de páginas web.

- Organizar y discutir información.
- Flexibilidad y el fácil uso, recomendado para aquellos profesionales con conocimientos mínimos en informática o que no estén relacionados con e-learning.
- Servicio gratuito y compatibilidad con Internet Explorer.
- Tiene una buena estructura.
- La educación en cualquier lugar y espacio, sin necesidad de una infraestructura.

Desventajas de la Plataforma de Dokeos

- Es fácil llegar a una sobrecarga de información, debido a que los estudiantes tienen que leer la información de la plataforma además de la información que se les da en el curso.
- Requiere de seguimiento, por lo cual requiere de tiempo adicional.
- Los participantes no reciben una respuesta inmediata si el docente no está conectado a internet.
- Se pierde la comunicación verbal.
- La ausencia de un menú a la vista que evite tener que regresar a la página de inicio. [Cita 5-11-2012]

3.1.6.2 LMS Moodle

Al respecto Maguiña (2012)[13] refiere en cuanto a esta plataforma, lo siguiente:

> Moodle es una plataforma de e-Learning (LMS) de código abierto, es decir que Moodle es distribuido y desarrollado libremente y está disponible para su descarga desde Moodle.org. Si bien Moodle se distribuye libremente esto no quiere decir que no haya costos involucrados en su implementación. Para conocer más sobre los costos asociados al software de codigo abierto puedes consultar: ¿Son realmente gratis las plataformas de e-learning open source?. Moodle es la plataforma de e-learning más popular, con cerca de 30 millones de usuarios distribuidos en 46.500 campus virtuales instalados a nivel mundial. Esto no es sorprendente: Moodle se ha convertido en el más utilizado por las organizaciones de todos los tamaños, y es una de las opciones más efectiva en relación a costos y beneficios. Una de las ventajas de Moodle, es la comunidad que la sostiene: Moodle tiene una base de usuarios muy grande y activa que continuamente implementa, prueba y desarrolla nuevas características y mejoras. La comunidad de Moodle ha sido fundamental en el éxito de la plataforma: siempre es posible

---

[13] MAGUIÑA GRANADOS LUIS (2012) "Diferencia Entre Chamilo y Moodle" Disponible en http://informaticaeducativatelesup.blogspot.com/ [Cita 12-11-2012]

encontrar alguien con un problema similar al nuestro dispuesto a
darnos una mano en los foros de Moodle.org". [

Principales características.

Entre las principales características Maguiña (2012)[14] indica:

> Moodle tiene muchas características que esperaríamos de una
> plataforma e-Learning, además de algunas innovaciones
> originales entre las que se incluyen:
>
> **Módulo de Tareas:** Los estudiantes pueden subir sus tareas (en
> cualquier formato de archivo) al servidor. Se registra la fecha en
> que se han subido. Para cada tarea en particular, puede
> evaluarse a la clase entera (calificaciones y comentarios) en una
> única página con un único formulario. Las observaciones del
> profesor se adjuntan a la página de la tarea de cada estudiante y
> se le envía un mensaje de notificación. El profesor tiene la
> posibilidad de permitir el reenvío de una tarea tras su calificación
> (para volver a calificarla).

---

[14] MAGUIÑA GRANADOS LUIS (2012) "Diferencia Entre Chamilo y Moodle"
Disponible en http://informaticaeducativatelesup.blogspot.com/ [Cita 12-11-
2012]

Módulo foro: Hay diferentes tipos de foros disponibles: exclusivos para los profesores, de noticias del curso y abiertos a todos. Todos los mensajes llevan adjunta la foto del autor. Las discusiones pueden verse anidadas, por rama, o presentar los mensajes más antiguos o los más nuevos primero. El profesor puede obligar la suscripción de todos a un foro o permitir que cada persona elija a qué foros suscribirse de manera que se le envíe una copia de los mensajes por correo electrónico. El profesor puede elegir que no se permitan respuestas en un foro (por ejemplo, para crear un foro dedicado a anuncios). El profesor puede mover fácilmente los temas de discusión entre distintos foros.

Módulo Cuestionario: Los cuestionarios se califican automáticamente, y pueden ser recalificados si se modifican las preguntas. Los cuestionarios pueden tener un límite de tiempo a partir del cual no estarán disponibles. Las preguntas y las respuestas de los cuestionarios pueden ser mezcladas (aleatoriamente) para disminuir las copias entre los alumnos. Las preguntas pueden crearse en HTML y con imágenes.

Módulo recurso: Admite la presentación de un importante número de contenido digital, Word, Powerpoint, Flash, vídeo, sonidos, etc. Los archivos pueden subirse y manejarse en el servidor, o pueden ser creados sobre la marcha usando formularios web (de texto o HTML). Pueden enlazarse aplicaciones web para transferir datos.

Módulo Wiki: El profesor puede crear este módulo para que los alumnos trabajen en grupo en un mismo documento. Todos los alumnos podrán modificar el contenido incluido por el resto de compañeros. De este modo cada alumno puede modificar el wiki del grupo al que pertenece, pero podrá consultar todos los wikis. [Cita 12-11-2012]

4 MARCO FILOSÓFICO DE LAS TIC

Tecnologías de Información y Comunicación, son parte de una realidad que abarca distintos aspectos, desde el político hasta el económico, y en este sentido se puede decir que la mayoría de las directrices políticas, tanto en el ámbito europeo como en el norteamericano, que son los que influyen en nuestra realidad, nos orientan hacia la importancia que tiene en dirigirnos hacia la sociedad del conocimiento, sociedad de la información y sociedad red; lo que es recogido en la políticas públicas y concretizados a través dos los distintos proyectos que hemos visto implementados en los últimos años en nuestro país.

Al respecto Gómez Dopico Yackeline (2012)[15] refiere que:

> El uso de estas tecnologías desde su entendimiento hasta su implementación, requiere una reflexión filosófica. En el ámbito de la educación ha habido dos tradiciones claramente delimitadas en la reflexión acerca de la tecnología. La primera, denominada tradición "ingenieril", concibe la tecnología como la extensión de nuestros órganos o como instrumentos que nos han permitido

---

[15] GÓMEZ DOPICO YACKELINE (2012). "Reflexiones Filosóficas Y Sociológicas Del Uso De Las TIC"

dominar el ambiente, sin entrar a cuestionarla. Los orígenes de esta tradición se sitúan en la obra de Kapp Grundlinien einer Philosophie der Technik (1877). Frente a ésta, nos encontramos con una segunda, también denominada tradición "humanística", que se inicia a principios de 1930 y desde la que no se aborda la tecnología como algo dado sino que, más allá de su materialidad, se considera que es un elemento de la cultura y se toma en cuenta por tanto, su lado antropológico, humano.

Estas tecnologías que son una realidad han sido vistas como algo deshumanizante, que nos hace esclavos y adeptos de un estándar de operatividad que no nos hace reflexionar y pensar; al respecto el Portal REDUTECA refiere que (2012)[16]:

Transcribimos un argumento muy pertinente y sólido expuesto por el filósofo español Fernando Savater: "quizá convenga preguntarse de dónde viene ese calificativo de 'humanidades' que reciben ciertas materias todavía hoy. La denominación es de origen renacentista y no contrapone ciertos estudios muy 'humanos' con otros 'inhumanos' o 'deshumanizados' por su sesgo técnico-científico (los cuales no existían en la época) sino que los llama así para distinguirlos de los estudios teológicos o los comentarios de las escrituras. Los humanistas estudiaban

---

[16] REDUTEKA (2012) "Valores Ciudadanos Que Las Tic Pueden Promover". http://www.eduteka.org/LogrosValores.php

humanidades, es decir: se centraban sobre textos cuyo origen era declaradamente humano (incluso aún más: pagano) y no supuestamente pino. Y como tales obras estaban escritas en griego o latín clásico, esas lenguas quedaron como paradigma de humanidades, no sólo por su elegancia literaria o por sus virtudes filológicas para analizar los idiomas de ellas derivados, sino también por los contenidos de ciencia y conocimiento no revelados por la fe a los que podía llegarse utilizándolas. En tal sentido, los 'Elementos de Geometría' de Euclides formaban parte de las humanidades ni más ni menos que el 'Banquete' de Platón [...] Desde luego, los estudios humanísticos han ido pasando a partir de ese origen por muchas transformaciones académicas y sociales, hasta llegar a la polémica situación actual [...] La educación humanista consiste ante todo en fomentar e ilustrar el uso de la razón, esa capacidad que observa, abstrae, deduce, argumenta y concluye lógicamente" (El valor de educar, Fernando Savater, Editorial Ariel, Barcelona, 1996)

En tal sentido, es importante indicar que no podemos desvincular el conocimiento científico y tecnológico de los valores humanos, ello implicaría generar una polémica injustificada, frente a ello, no cabe duda que son una realidad que debe convivir conjuntamente y teniendo propósitos en común. Sabemos que la promoción de valores debe partir de la familia. Posteriormente, la responsabilidad es compartida entre la familia y la institución educativa, en esta, están inmersas: docentes, funcionarios, administradores; etc; por lo tanto la práctica de valores no es cuestión simple de una signatura, sino va mas allá, en su práctica diaria y vivida, vivida en cada acción llevada en la institución educativa.

Igualmente, los valores (actitudes) deberán contribuir al aprendizaje y comportamientos que se evidencien en sus prácticas diarias.

Al ello Cabero (2001, p.34)[17]: refiere que:

> Siguiendo esta línea "humanística", cabe destacar el movimiento de los estudios CTS (Ciencia, Tecnología y Sociedad). Ahora bien, dentro de él también se encuentran dos tradiciones: una europea y una americana: "la europea se concentrará en el análisis de la influencia de los factores sociales, económicos, políticos y culturales, que, condicionan y potencian el desarrollo y presencia de la tecnología en la sociedad, mientras que la americana adoptará el punto de vista de enfatizar las consecuencias sociales de las innovaciones tecnológicas".

---

[17] CABERO J. AL ELLO (2001): "Medios audiovisuales y nuevas tecnologías para el siglo: XXI".

En tal sentido en el entorno americano, aceptando la presencia de la tecnología como algo dado, se estudia sus consecuencias sociales mientras que la europea se analiza la influencia de aspectos tanto sociales como económicos, políticos y culturales en el desarrollo y posterior utilización de la tecnología.

Las reflexiones planteadas reflejan las distintas definiciones de tecnología que existen en el campo de la filosofía de la tecnología.

Es importante resaltar que dentro de las corrientes filosóficas de la ciencia, surge el positivismo de Augusto Comte[18], al respecto, esta doctrina se sustenta en la experiencia y en el conocimiento empírico de los fenómenos naturales. Es por ello, que el positivismo de Comte, niega a la metafísica y la teología por considerarlos imperfectos. Esta corriente plantea la utilización imprescindible del método científico para la explicación de los fenómenos.

Existe igualmente, un positivismo llamado lógico, este, destaca la importancia de la comprobación científica al igual que la

---

[18] COMTE AUGUSTO (1798 - 857). "Curso De Filosofía Positiva"

aplicación de la lógica formal. Los positivistas son objetivos buscan los hechos o causas de los fenómenos sociales sin considerar la subjetividad, por ello los fenómenos sociales son, bajo este enfoque, consecuencia de la objetividad de los hechos.

5 CONCLUSIONES

1. Las TIC se refieren al almacenamiento, recuperación, manipulación, transmisión o recepción de datos digitales; esto significa que las TIC no son propiamente estrategias sino herramientas que contribuyen al proceso de enseñanza aprendizaje

2. Las nuevas tecnologías de información y comunicación (NTIC), nos lleva a replantearnos nuestro quehacer educativo para modificar o redefinir esquemas con los que hemos estado trabajando durante muchos años.

3. El docente actual tiene que entender que vivimos procesos de cambios muy vertiginosos en la concepción del conocimiento, en qué es, cómo se produce, cómo se transfiere, y es importante asumir el desafío de transformar las prácticas docentes que requieren de instancias de investigación, donde no existen recetas mágicas.

4. Los docentes requieren desarrollar competencias que le permitan contar con las habilidades, conocimientos y actitudes necesarios para ayudar (facilitadores) a los estudiantes a alcanzar los logros esperados mediante el uso

de los nuevos recursos y herramientas digitales; lo que les permitirá insertarse competitivamente en la sociedad

5. EL Internet para el aprendizaje es sólo un instrumento de apoyo, no resolverá la problemática diversa en el sector educativo, de ahí la importancia que a lo largo del tiempo ha tenido el docente y ahora se acentúa por la necesidad que tiene de transformarse, para incorporar aspectos pedagógicos acordes a las actuales innovaciones tecnológicas.

6. La Internet promueve un aprendizaje más ágil, participativo, activo, constructivo y motivador, favoreciendo el desarrollo de habilidades mentales y sociales siempre y cuando los programas estén adecuadamente diseñados con objetivos y planteamientos pedagógicos específicos.

7. En el campo educativo, el uso de Internet ha permitido impartir cursos a distancia, convirtiéndose en una importante opción y solución, de formación y actualización, para que la población pueda insertarse en el ámbito laboral de la sociedad tan cambiante que nos ha tocado vivir y que ha dado en denominarse "sociedad de la información.

8. Entorno de aprendizaje virtual (UNESCO 1998) se define como "un programa informático interactivo de carácter pedagógico que posee una capacidad de comunicación integrada.

9. Las universidades juegan un papel trascendental en la formación de los futuros profesionales que contribuyan al desarrollo del país, no con enfoques tradicionales, sino con reingeniería y con inclusión de la educación universitaria sin fronteras, que responda a los retos de un nuevo orden social, al de la sociedad del conocimiento, tal que permita a todas las personas tener iguales condiciones de oportunidad de estudios en un mundo globalizado o mundializado como el que se vive hoy.

10. Existen medios que permiten al estudiante tener una opción de formación y perfeccionamiento profesional, utilizando recursos no físicos que lo hagan participar virtual, electrónico y representacionalmente; estas son la Nuevas Tecnologías de Información y Comunicación, más precisamente los e-Learning (enseñanza electrónica) y los LMS (Sistemas de Gestión del Aprendizaje).

6 FUENTES DE INFORMACIÓN

Referencias bibliográficas:

- BALLÓN ELAR Y JOO-YONG KIM (2009) "Agenda Innovación" Ministerio de la Producción Dirección de Investigación. Lima Perú.

- BANCO CENTRAL DE RESERVA PERÚ (2012) "Informe Económico 2012".

- BERNARDO ALBERTO HOUSSAY (1960) "Globalización". Premio Nobel de Medicina en 1947.

- BULLÓN SALAZA LUIS ALBERTO (2010). "Ventaja competitiva de las capacidades operacionales y dinámicas de la tecnología de la información: caso de Lima, Perú". Pontificia Universidad Católica Del Perú (2010)

- CABAÑAS VALDIVIEZO, JULIA EMILIA (2003). "Aulas virtuales como herramienta de apoyo en la educación". Universidad Nacional Mayor de San Marcos. UNMSM (2003)

- CABERO J. AL ELLO (2001): "Medios audiovisuales y nuevas tecnologías para el siglo: XXI".

- CAÑELLAS MAYOR; ALICIA (2012) "CMS, LMS y LCMS Definición y diferencias". Barcelona España.

- CABAÑAS VALDIVIEZO, JULIA EMILIA (2003) Tesis Doctoral "Aulas virtuales como herramienta de apoyo en la educación de la Universidad Nacional Mayor de San Marcos" Universidad Nacional Mayor De San Marcos

- CEPAL (2012) "Observatorio Regional de Banda Ancha"

- COMTE AUGUSTO (1798 - 857). "Curso De Filosofía Positiva"

- CHADWICK, C. (1979)."Teorías del aprendizaje y su implicancia en el trabajo en el aula". Revista de Educación, Nº 70 C.P.E.I.P., Santiago de Chile.

- REDUTEKA (2012) "Valores Ciudadanos Que Las Tic Pueden Promover"

- FERNANDO SAVATER (1996) "El valor de educar", Editorial Ariel, Barcelona, 1996.

- INÉS FRISS DE KEREKI GUERRERO (2003) Tesis Doctoral: "Modelo Para La Creación De Entornos De Aprendizaje Basados En Técnicas De Gestión Del Conocimiento". Universidad Politécnica De Madrid. Universidad Politécnica de Madrid (2003)

- GARDNER HOWARD (1995). "La Mente no Escolarizada". Ediciones Paidos, Barcelona.

- GÓMEZ DOPICO YACKELINE (2012). "Reflexiones filosóficas y sociológicas del uso de las TIC"

- GUERRERO INÉS FRISS DE KEREKI (2003) Tesis Doctoral: "Modelo Para La Creación De Entornos De Aprendizaje Basados En Técnicas De Gestión Del Conocimiento". Universidad Politécnica De Madrid

- HERNÁNDEZ, R. FERNÁNDEZ, C. Y BAPTISTA, L (2006). "Metodología de la investigación". 5° ed. México. Mc. Graw-Hill/ Interamericana de C.V: Editores, S.A.

- HERNANDEZ IVETH (2012) "La educación en México", Plataformas Virtuales". México.

- HENRI FAYOL F. W. TAYLOR (1979) "Principios de la Administración Científica"

- INFORMATION TECHNOLOGY ASSOCIATION OF AMERICA, ITAA (2012)

- KAPP GRUNDLINIEN (1987). "Einer Philosophie der Technik" (1877).

- R.LOEBER Y D.P. FARRINGTON (1995) "Estudios Longitudinales En La Investigación De Los Problemas

De Conducta" . Fundación Familia Nova Schola.
Ventro Londres.

- MACÍAS ÄLVAREZ DIEGO (2010) "Plataformas De
Enseñanza Virtual Libres Y Sus Características De
Extensión: Desarrollo De Un Bloque Para La Gestión
De Tutorías En Moodle" Universidad de Alcalá.

- MAGUIÑA GRANADOS LUIS (2012) "Diferencia Entre
Chamilo y Moodle"

- MARGUREGUI CARINA (2009) "Educación y Tic".
Colección Educar.ar Buenos Aires Argentina

- MURILLO, W. (2008). "La Investigación Científica".
Universidad Nacional de Colombia. - Instituto de
Inmunología de Colombia.

- PALACIOS, ROLANDO [2006]: "Cultura Oral y Lectura
Hipertextual. Una Reflexión Desde La Comunicación",
1er. Congreso ONLINE del Observatorio para la
CiberSociedad: "CULTURA & POLÍTICA @
CIBERESPACIO", España.

- PONTIFICIA UNIVERSIDAD CATÓLICA DEL PERÚ
(2010) "TIC en la Educción Básica"

- QUEZADA LUCIO NEL (2010). "Metodología de la Investigación-Estadística aplicada a la Investigación". Empresa Editora Macro Lima Perú.

- QUINTANILLA, MIGUEL ÁNGEL (1989) "Problemas conceptuales y políticas de desarrollo tecnológico (notas para la discusión)".

- QUISPE ANDÍA VINCE (2011) "Propuesta para una nueva Educación y Escuela Peruana". UNMSM.

- RESOLUCIÓN MINISTERIAL N° 274- 2006-PCM "APRUEBAN LA ESTRATEGIA NACIONAL DE GOBIERNO ELECTRÓNICO"

- ROSALES LÓPEZ, CARLOS "Didáctica, Núcleos Fundamentales". Ediciones Paidos Barcelona.

- ROBERTO BAELO ÁLVAREZ (2009), "Integración de las Tic en los centros de educación superior de Castilla y León". INSTITUCIÓN: UNIVERSIDAD DE LEÓN

- RODRÍGUEZ MARTHA YANETH (2009) "Las TICs en la Educación". Bogotá Colombia.

- UNESCO (1988). "Los docentes y la Enseñanza en un Mundo en Mutación". Informe Mundial Sobre Educación".

- UNIDAD DE MEDICIÓN EDUCATIVA (2010). "Evaluación del Rendimiento". MINEDU.

- WOOLFOLK, A. (2009). "Psicología Educativa "(9° ed.) México: Pearson Educación.

- ZAMBRANO ACOSTA JUAN (2009), "Las Políticas Públicas En Tic. Una Oportunidad De Cerrar La Brecha Social" De La Universidad Pontificia Bolivariana, Medellín Colombia

Fuentes bibliográficas:

http://www.slideshare.net/tejo6502/plataforma-virtual-10631632

http://www2.uah.es/libretics/files/Tutorias.pdf

http://informaticaeducativatelesup.blogspot.com/

http://www.sociedadycultura.com/2011_02_01_archive.html

http://unirelearningmaster.blogspot.com/2011/03/diferencias-entre-dokeos-y-moodle.html

http://bibliotecadigital.educ.ar/uploads/contents/articulo_educacion_y_tic0.pdf [30-08-2012]

http://www.virtualeduca.info/fveducasd/index.php?option=co
m_content&view=article&id=391:el-aprendizaje-virtual-y-la-
gestion-del-conocimiento&catid=44:seminario-de-
ambientes-escenarios-y-objetos-de&Itemid=56&lang=es

http://educacionennmexico.blogspot.com/2010/07/plataform
a-de-dokeos.html

http://www.eduteka.org/LogrosValores.php

http://portal.uned.es/portal/page?_pageid=93,1&_dad=portal
&_schema=PORTAL

http://www.ongei.gob.pe/

https://www.innova.uned.es/webpages/entrenamiento/conte
nidos/html/modulo5/contenidos2.html

7 Anexo

> ## *ANEXO 1*
> ### *RESOLUCIÓN MINISTERIAL*
> ### *N° 274- 2006-PCM*
> ### *Disponible en:*
> *http://www.ongei.gob.pe/normas/0/NORMA_0_*
> *RESOLUCI%C3%93N%20MINISTERIAL%20N%C*
> *2%BA%20274-2006-PCM.pdf*

APRUEBAN LA ESTRATEGIA NACIONAL DE GOBIERNO ELECTRÓNICO

RESOLUCIÓN MINISTERIAL
N° 274- 2006-PCM

Lima, 25 de julio de 2006

VISTO:

El Memorándum N° 510-2006-PCM-SGP de la Secretaría de Gestión Pública de la Presidencia del Consejo de Ministros;

CONSIDERANDO:

Que, mediante Ley N° 27658, Ley Marco de Modernización de la Gestión del Estado, se declara al Estado Peruano en proceso de modernización en sus diferentes instancias, dependencias, entidades, organizaciones y procedimientos, con la finalidad de mejorar la gestión pública y contribuir en el fortalecimiento de un Estado moderno, descentralizado y con mayor participación del ciudadano.

Que, el Estado Peruano ha dado pasos importantes para el desarrollo del gobierno electrónico, los que deberán de ser articulados para efectos de maximizar los resultados de las distintas instancias comprometidas en dicho esfuerzo, mejorar su gestión y optimizar la atención al ciudadano.

Que, la Presidencia del Consejo de Ministros es la instancia encargada de coordinar esfuerzos intersectoriales para efectos de maximizar los resultados en la gestión pública;

Que, de conformidad con el Decreto Supremo N° 066-2003-PCM y el artículo 34° del Decreto Supremo N° 094-2005-PCM, Reglamento de Organización y Funciones de la Presidencia del Consejo de Ministros, la Secretaría de Gestión Pública actúa como ente rector del Sistema Nacional de Informática;

Que, en cumplimiento a lo dispuesto por el artículo 37° del Reglamento de Organización y Funciones de la Presidencia del Consejo de Ministros, la Oficina Nacional de Gobierno Electrónico e Informática – ONGEI de la Presidencia del Consejo de Ministros ha presentado la Estrategia Nacional de Gobierno Electrónico e Informática;

Que, la Estrategia Nacional de Gobierno Electrónico es una meta incluida en la matriz del Plan de Desarrollo de la Sociedad de la Información en el Perú – La Agenda Digital Peruana aprobado mediante Decreto Supremo N° 031-2006-PCM;

Que, en tal sentido, resulta necesario establecer una *Estrategia Nacional de Gobierno Electrónico*, que constituya un instrumento de gestión para definir las actividades informáticas de las entidades de la Administración Pública integrantes del Sistema Nacional de Informática en sus diferentes niveles y coordinar los esfuerzos de las entidades de la Administración Pública;

De conformidad con los dispuesto por el Decreto Legislativo N° 560 – Ley del Poder Ejecutivo y el Decreto Supremo N° 094-2005-PCM;

SE RESUELVE:

Artículo 1° Aprobación

Aprobar la *Estrategia Nacional de Gobierno Electrónico*, que será publicada en el portal electrónico de la Presidencia del Consejo de Ministros: www.pcm.gob.pe, así como en el portal electrónico de la Comisión Multisectorial para el seguimiento y evaluación del "Plan de Desarrollo de la Sociedad de la Información en el Perú - La Agenda Digital Peruana": www.codesi.gob.pe.

Artículo 2° Supervisión

La Oficina Nacional de Gobierno Electrónico e Informática – ONGEI deberá coordinar y supervisar la implementación de la *Estrategia Nacional de Gobierno Electrónico*. Para tal efecto, las entidades de la Administración Pública integrantes del Sistema Nacional de Informática, deberán proporcionarle, cualquier información que les sea requerida y adoptarán las acciones necesarias para el cumplimiento y ejecución de lo establecido en la *Estrategia Nacional de Gobierno Electrónico*.

Artículo 3° Informe Anual

La Oficina Nacional de Gobierno Electrónico e Informática - ONGEI deberá elaborar un informe anual sobre el desarrollo de la Estrategia Nacional de Gobierno Electrónico indicando los avances y aspectos pendientes. Dicho informe se presentará a más tardar durante la primera semana del mes de diciembre de cada año, ante la Comisión Multisectorial para el seguimiento y evaluación del "Plan de Desarrollo de la Sociedad de la Información en el Perú - La Agenda Digital Peruana".

Artículo 4° Normas Complementarias

La Secretaría de Gestión Pública, ente rector del Sistema Nacional de Informática, aprobará las directivas complementarias para el cumplimiento de la *Estrategia Nacional de Gobierno Electrónico*.

Regístrese, comuníquese y publíquese.

PEDRO PABLO KUCZYNSKI GODARD
Presidente del Consejo de Ministros

Estrategia Nacional de Gobierno Electrónico

I Visión y Objetivo General

Visión

Transformación de las relaciones del Estado Peruano con empresas privadas, instituciones públicas y ciudadanos, mediante el uso efectivo de la tecnología de la información y comunicaciones, haciendo que el Estado en su conjunto se organice, estableciendo una red de servicios transaccionales y de información acordes con las necesidades y demandas de la sociedad, y que conlleven al bienestar general

Objetivo General

Desarrollar capacidades y servicios de alta disponibilidad asociados a procesos, en los que participen una o más instituciones, y sean accedidos desde una ventanilla única de forma que permita reducir los tiempos de procesamiento de solicitudes, propicien el desarrollo de los ciudadanos, mejoren la competitividad institucional y la transparencia del Estado, mediante el uso intensivo de tecnología de Información y comunicaciones.

II Necesidad de una definición de Estándares

En el contexto actual del desarrollo de Gobierno Electrónico en el Perú, es necesario una definición de estándares básicos, para permitir la interoperabilidad de los sistemas dentro del sector público y con el sector privado, por tal motivo es necesario definirlos:

- Procesos de intercambio de información documentaria mediante medios digitales
- Interfases y esquemas de Intercambio de información mediante servicios de información (web services).
- Estándares metodológicos en gerencia de proyectos en tecnología y aplicación de políticas de seguridad de información, ciclo de desarrollo de software y modelamiento de procesos.
- Desarrollo de portales y administración de los contenidos institucionales y sitios web, mediante el uso de tecnologías que faciliten el intercambio de información.
- Tecnologías y componentes de arquitectura abierta y modular que permitan la interoperatividad de aplicaciones de Gobierno Electrónico (protocolos, interfases, mensajes, estructura de datos, encriptación).

2

III Políticas Generales

Para el proceso de desarrollo del Gobierno Electrónico se han definido un conjunto de políticas, sobre las cuales se implementarán las acciones relacionadas al logro de objetivos asociados.

Este conjunto de políticas son de aplicación dentro de lo que constituye la Ley Marco de Modernización de la Gestión del Estado, Ley 27658, y son consideradas dentro de lo alcances que constituyen las Políticas de Estado del Acuerdo Nacional.

Las políticas para el desarrollo del Gobierno Electrónico son las siguientes:

1. Acercar los servicios de información y/o servicios en línea, que proporcionan las instituciones públicas, a los ciudadanos, desarrollando proyectos estratégicos de Gobierno Electrónico que se constituyan en proyectos emblemáticos que demuestren las ventajas del uso de la tecnología como medio eficaz para la reducción de los tiempos y costos asociados a procesos de innovación de prácticas y de simplificación administrativa.

2. Mejorar los procesos y marco legal de la Administración Pública que permita hacerlos más eficientes, transparentes y con enfoque al usuario, para facilitar su informatización a través de las tecnologías de la información y comunicaciones, considerando las expectativas y requerimientos del ciudadano así como criterios de optimización.

3. Promover y disponer de infraestructura de telecomunicaciones adecuada, para el desarrollo de la Sociedad de la Información y de la implementación de iniciativas de Gobierno Electrónico en particular, con énfasis en las zonas actualmente menos atendidas.

4. Administrar el proceso de inducción, administración del cambio, aprendizaje y capacitación a la población excluida del uso de las TICs, de forma que permita su inserción como potenciales usuarios de los servicios proporcionados por el Estado, preservando su herencia cultural, lingüística y tradicional autóctona y promoviendo la generación de recursos y contenidos locales que difundan la riqueza cultural de nuestros pueblos.

5. Generar capacidades en el uso de las nuevas tecnologías, en colaboración con empresas privadas, que permitan potenciar la generación de recursos humanos calificados, que coadyuven al desarrollo del país, mediante la investigación, planificación y desarrollo de las TICs, generando agendas de gobiernos, regionales, y locales en los ámbitos, administrativo, educativo y empresarial como base del proceso de modernización de la Gestión Pública.

3

IV Objetivos estratégicos

IV.1 Objetivo Estratégico 1.

Acercar los servicios del Estado a los ciudadanos y empresas mediante el uso de tecnologías de la Información y comunicaciones que permitan la innovación de prácticas que simplifiquen los procedimientos administrativos tradicionales, implementando proyectos e iniciativas de Gobierno Electrónico en beneficio de la sociedad.

Acciones:

- Incorporación de nuevos servicios y facilidades en el Portal de Servicios al Ciudadano y Empresas - PSCE (www.serviciosalciudadano.gob.pe), Portal que se constituye en el punto de convergencia de los servicios que proporciona el Estado.
- Fortalecimiento y mejora continua del Portal del Estado Peruano (PEP), con relación a la integración funcional de instituciones públicas en el manejo de contenidos.
- Creación de un espacio virtual entre el gobierno y la sociedad civil para difundir la información e iniciativas gubernamentales (foros electrónicos).
- Implementación de servicios de orientación al ciudadano mediante Call Center y el PSCE.
- Utilización de otros medios tecnológicos, como radio, televisión, entre otros, en la promoción y difusión de los servicios al ciudadano mediante el uso de Tecnología de información brindados por el Estado.
- Establecer programas de implementación y promoción de servicios en línea a través de cabinas públicas de Internet y talleres en el interior del país para capacitarles en el uso y operación de los servicios disponibles que tiene el Estado.
- Utilizar la infraestructura existente en las instituciones públicas en la promoción y difusión de servicios al ciudadano y facilidades de Gobierno Electrónico a nivel nacional, regional y local.
- Hacer alianzas con las Facultades de las Universidades que tienen la responsabilidad de la enseñanza profesional de informática y sistemas para la difusión del Gobierno Electrónico y captar a los mejores profesionales para su incorporación a la administración pública.

IV.2 Objetivo Estratégico 2.

Desarrollar un conjunto de proyectos estratégicos que permitan la integración de sistemas e instituciones claves para el desarrollo de iniciativas de Gobierno Electrónico y, que por su importancia impacten en el corto y mediano plazo, permitiendo la adopción de las nuevas prácticas y constituyéndose en proyectos emblemáticos de uso masivo.

Acciones:

4

64

- Desarrollar y establecer la plataforma de red transaccional del Estado y creación de mecanismos que permitan administrar los costos de los servicios, de acuerdo a procesos de generación de valor y a las tasas establecidas por las instituciones participantes.
- Desarrollar y establecer la Infraestructura de Llaves Públicas (PKI) como soporte al uso del Sistema de Firmas Electrónicas y Certificaciones Digitales del Estado.
- Impulsar la Plataforma de Medio de Pago Virtual del Estado, de forma que para los servicios en línea, que se implementen, se permitan realizar los pagos correspondientes desde Internet.
- Desarrollar y establecer el Sistema de Información Territorial del Perú mediante el uso de sistemas de información geográficos referenciales (GIS), que permitan sobre la base de los recursos disponibles, infraestructura existente, población, proyectos de desarrollo social y económico, determinar de forma integral los avances en la implementación de Políticas, Programas y Proyectos asociados a políticas institucionales y de Estado.
- Desarrollar, establecer e implementar el Sistema Electrónico de Compras y Adquisiciones del Estado (SEACE).
- Desarrollar, establecer e implementar el proyecto de DNI Electrónico.
- Implementar sistemas de participación ciudadana y de elecciones democráticas que permitan implementar de forma efectiva uso del voto electrónico (asociados al uso de certificados digitales).

IV.3 Objetivo Estratégico 3.

Mejorar los procesos de la Administración Pública de tal forma de hacerlos más eficientes, transparentes y con enfoque al usuario para facilitar su informatización a través de las tecnologías de la información y comunicaciones, considerando las expectativas y requerimientos del ciudadano así como criterios de optimización.

Acciones:

- Desarrollar el Modelo de Procesos del Estado Peruano
- Emisión de normatividad, que sobre la integración funcional entre instituciones públicas, permita la definición de compromisos y responsabilidades asociadas a mejores prácticas referidas a procesos de innovación, rediseño de procesos y mejora de calidad en los servicios.
- Establecimiento de estándares de interoperatividad entre instituciones de la administración pública.
- Emisión de normatividad sobre la relación y la integración de los diferentes gobiernos (nacional, regional, local) en torno a servicios asociados a las políticas de Gobierno Electrónico.
- Propuesta de la Ley del Sistema Nacional de Gobierno Electrónico e Informática y adecuación de las Leyes de Procedimiento

5

Administrativo General, y la Ley de Transparencia y su Reglamento, a los propósitos del Gobierno Electrónico.

- Desarrollo de un Plan de seguridad integral de la información para el sector público.
- Desarrollo de proyectos de transferencia tecnológica de aplicación común que permitan optimizar el uso de los recursos del Estado y permitan la mejora de las prácticas en la administración pública.
- Realización de un compendio de normas emitidas relacionadas con el Gobierno Electrónico y análisis de las expectativas de los usuarios para su inclusión en los planes de corto y mediano plazo.
- Consolidar lazos de cooperación internacional que faciliten el desarrollo de proyectos tecnológicos que mejoren los servicios ofrecidos por las instituciones públicas.
- Mejora continua de la Estrategia Nacional de Gobierno Electrónico.

IV.4 Objetivo Estratégico 4.

Promover y disponer de infraestructura de telecomunicaciones adecuada para el desarrollo de la Sociedad de la Información y del Gobierno Electrónico en particular, con énfasis en las zonas actualmente menos atendidas.

Acciones

- Promover la inversión privada y pública en infraestructura a efectos de incentivar la competitividad, el acceso universal y la integración nacional y regional, asegurando la cobertura, la calidad y el mantenimiento de los servicios en el tiempo, con precios adecuados.
- Promover el desarrollo de redes principales para ampliar la infraestructura de servicios de telecomunicaciones.
- Incentivar el desarrollo de nueva infraestructura de telecomunicaciones en zonas no atendidas, mediante el apoyo de las fuentes posibles de cooperación internacional.
- Desarrollar acciones que permitan sinergia interinstitucional para la construcción de la infraestructura de telecomunicaciones en el Estado.

IV.5 Objetivo Estratégico 5

Generar capacidades en los estudiantes, población adulta y grupos vulnerables en el uso de las TICs en sus procesos de aprendizaje y de capacitación para su inserción en la Sociedad de la Información y el Conocimiento en general y al Gobierno Electrónico en particular.

Acciones

- Impulsar un plan intensivo para integrar las TICs en la educación.

6

- Propiciar el acceso y el aprovechamiento de las TICs en forma equitativa, teniendo en cuenta aspectos de los grupos vulnerables y tradicionalmente excluidos.
- Capacitar a la población adulta en el uso de las TICs para relacionarse con el Estado
- Establecer convenios con los gremios de Cabinas de Internet, para a través de ellos establecer programas de capacitación.
- Propiciar que los centros de enseñanza superior participen activamente en el desarrollo de los sistemas de información de las Entidades Públicas, para asegurarnos la penetración del conocimiento.
- Propiciar el desarrollo de centros tecnológicos orientando la creatividad innata de los estudiantes y jóvenes mediante el uso de metodologías y aplicación de mejores prácticas en TICs.

V Factores Críticos de Éxito

Las condiciones de éxito o Factores Críticos de Éxito para el Gobierno Electrónico, son las condiciones que alrededor de la estrategia son necesarios e indispensables que se cumplan para lograr el éxito en su desarrollo.

- **Liderazgo político,** La proyección y visión clara por parte de las autoridades del más alto nivel de un país, que es el factor más importante para lograr el éxito en el Gobierno Electrónico, garantizará que las autoridades de los distintos niveles de gobierno asuman el tema tecnológico como de verdadera importancia en el Proceso de Modernización y Reforma del Estado. Así mismo tendrá efecto multiplicador hacia las autoridades regionales y de las municipalidades que usan la tecnología en sus respectivos ámbitos de gobierno. El líder debe informar a los ciudadanos de los avances logrados de acuerdo a la hoja de ruta que en materia de Gobierno Electrónico viene alcanzando el país, también apoyará el proceso de Sensibilización de autoridades sobre la importancia de las TICs en el otorgamiento de servicios al ciudadano y en el proceso de hacer más transparentes sus gestiones.

- **El Gobierno Electrónico debe estar enmarcado dentro de Políticas de Estado,** El Líder del Gobierno Electrónico debe tener como uno de sus objetivos lograr que el tema tecnológico se convierta en Política de Estado en el marco de la Modernización del Estado, y así dotarle de continuidad ante los cambios que ocurren en la conducción de los gobiernos, nacional, regional y local, o en los sectores al interior de ellos. Así mismo, la existencia de una unidad encargada de diseñar, desarrollar, implantar, monitorear y retroalimentar las Estrategias de Gobierno Electrónico, garantizará el establecimiento de medidas necesarias para su buena implementación

- **Desarrollo cultural,** El desarrollo del Gobierno Electrónico está íntimamente ligado al cambio y desarrollo cultural de las personas e

7

instituciones en torno al conocimiento y uso de las Tecnologías de Información y Comunicaciones y de los servicios que brindan a través de ellos, el Gobierno Electrónico como componente de la Sociedad de la Información debe contribuir en el mejoramiento de las capacidades de la población en el uso de las TICs. El desarrollo cultural debe darse incorporando el componente tecnológico en las comunidades pero manteniendo la identidad de los pueblos así mismo impulsando acciones para la alfabetización digital en los distintos niveles educativos.

- **Alianzas con el Sector Privado**, Entidades Internacionales y Sector Académico, la participación de estos sectores debe darse desde el diseño de las estrategias y no deben dejar de participar pues son necesarios en lo que son sus fortalezas: la prospectiva, la innovación de la investigación, conocimiento de mejores prácticas, el desarrollo de sistemas y la operación de las tecnologías de la información y comunicaciones.

- **Proyectos emblemáticos, alto impacto y corto plazo**, Es necesario tener algunos proyectos que en el corto plazo se muestren como algo efectivo en la población, los mismos deben generar credibilidad y sistematización de experiencias; así como efectividad a sus requerimientos.

- **Reforzamiento de la Institucionalidad**, El desarrollo depende primordialmente de las capacidades institucionales con que cuenta el órgano encargado de su administración, a quien debe dotársele de autonomía técnica y de capacidades para relacionarse con todos los sectores de la Administración Pública, el sector privado y los organismos multilaterales, así como ejercer liderazgo en los ámbitos de las oficinas de informática de la Administración Pública.

- **Los recursos**, Contar con recursos humanos (técnicos) capaces para dar el salto hacia el Gobierno Electrónico garantizará primero el desarrollo y luego el mantenimiento de los sistemas orientados hacia el Gobierno Electrónico. Los recursos financieros también son importantes, mediante los medios monetarios se obtendrá la infraestructura física, servicios, software y la contratación de los recursos humanos que hagan viable los proyectos a plantearse.

- **Sector de telecomunicaciones**, Dinámico en su condición de elemento apalancador que permite acceder a la información y participar de los avances de la tecnología, de la informática, de la globalización que favorezca la infraestructura y red de telecomunicaciones como elemento básico para garantizar la cobertura de los servicios en distintos ámbitos territoriales en base a la oferta de distintos operadores.

8

CON GRIN SU CONOCIMIENTOS VALEN MAS

- Publicamos su trabajo académico, tesis y tesina

- Su propio eBook y libro - en todos los comercios importantes del mundo

- Cada venta le sale rentable

Ahora suba en www.GRIN.com y publique gratis

www.ingramcontent.com/pod-product-compliance
Lightning Source LLC
LaVergne TN
LVHW092348060326
832902LV00008B/895